NOTICE

SUR

M. L'ABBÉ LABOUDERIE

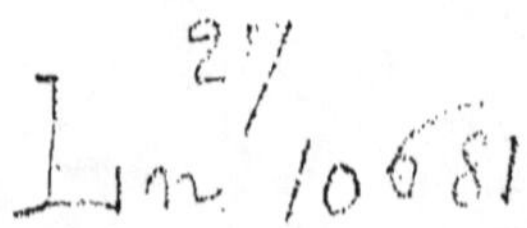

NOTICE

HISTORIQUE ET BIOGRAPHIQUE

SUR

M. L'ABBÉ LABOUDERIE

LICENCIÉ EN DROIT,
ANCIEN VICAIRE DE NOTRE-DAME-DE-PARIS,
VICAIRE GÉNÉRAL D'AVIGNON, CHANOINE HONORAIRE DE SAINT-FLOUR,
PRIEUR COMMISSAIRE GÉNÉRAL SURVIVANCIER
DE L'ORDRE ROYAL HOSPITALIER DU SAINT-SÉPULCRE,
CHEVALIER DE L'ORDRE DE SAINT-JEAN-DE-JÉRUSALEM, DIT DE MALTE,
MEMBRE DE PLUSIEURS ACADÉMIES ET SOCIÉTÉS SAVANTES,
TELLES QUE CELLES
DES ANTIQUAIRES DE FRANCE, ASIATIQUE,
DES BIBLIOPHILES FRANÇAIS,
PHILOTECHNIQUE,
DES ACADÉMIES DE ROUEN, DE DIJON, DE CLERMONT-FERRAND,
DE ROME, DE PHILADELPHIE ET AUTRES

Par M. DELLAC

Ancien avocat à la Cour impériale de Paris
Ancien premier suppléant des justices de paix des ex-ixe et xie arrondissements
de la ville de Paris.

PARIS

IMPRIMERIE DE JOUAUST PÈRE ET FILS
RUE SAINT-HONORÉ, 338
1862

NOTICE HISTORIQUE ET BIOGRAPHIQUE

SUR

M. L'ABBÉ LABOUDERIE

LABOUDERIE (JEAN) naquit à Chalinargues, diocèse
de Saint-Flour, canton et arrondissement de Murat, département du Cantal, le 13 février 1776; entra au
séminaire de Saint-Flour à l'âge de sept ans; constam-
ment le premier dans la classe. Il était d'usage, dans ce
séminaire, que le séminariste assis sur le même banc
fît, avant l'arrivée du professeur, répéter la leçon à celui
qui était à sa gauche; le professeur, avant d'examiner
l'élève, demandait si un tel savait sa leçon; l'interroga-
teur devait répondre *oui* ou *non*, sous peine d'être puni.
Une fois, M. Labouderie, n'ayant pas eu le temps de faire
réciter la leçon, demanda à l'élève s'il la savait : il lui
répondit que *oui*. M. Labouderie fit la même réponse au
professeur, lequel interrogea le séminariste, qui n'en sut

pas un mot. Le professeur ordonna que M. Labouderie fût fouetté publiquement pour n'avoir pas fait répéter la leçon et n'avoir pas dit la vérité, seule punition qu'il eut pendant ses études ; il s'en vengea en écolier, en donnant un soufflet à celui qui l'avait trompé. Cet épisode, qui paraît puéril, a été de la plus grande importance pour l'avenir de M. Labouderie : ce séminariste, devenu prêtre et curé d'une paroisse de campagne du diocèse, n'a cessé de le poursuivre en écrivant des lettres anonymes contre lui, qui ont eu le plus grand succès à Paris, comme on le verra dans la suite de cette notice.

M. Labouderie finit ses études très-jeune, et fut ordonné prêtre avec dispense d'âge, après avoir professé la rhétorique au même séminaire. L'évêque ordonnateur lui fit beaucoup de remontrances en lui disant qu'il entrait dans l'état ecclésiastique dans un temps bien critique ; qu'il y rencontrerait de grands obstacles et peu de douceur, et lui conseillait de ne pas se faire ordonner. Mais M. Labouderie avait avec lui son père, qui avait fait des dépenses pour lui donner un état, et il le décida à recevoir la prêtrise. Faute d'ordination, il fallait partir pour la réquisition, conformément à la loi de 1793 ; laquelle mettait en réquisition, pour partir à l'armée, tous les hommes non mariés depuis dix-huit ans jusqu'à trente, sans aucune exception. Le jeune séminariste ne pouvait supporter la vue du sang, et n'avait jamais pu le voir couler sans tomber en évanouissement. Pendant toute sa vie, passant près d'un factionnaire qui portait ou présentait les armes à un officier, le cliquetis du fusil **produisait un** tel effet sur ses nerfs, que tout son corps s'inclinait et tressaillait sans pouvoir s'abstenir. Le tonnerre et les éclairs lui occasionnaient la même sensation ; lorsqu'il tonnait ou éclairait, il se mettait dans une pièce de son petit appartement, ordonnait de bien fermer toutes les portes et les croisées pour obtenir de l'obscurité, se faisait donner de la lumière afin d'atténuer les éclairs et restait là jusqu'à la fin de l'orage. Si, malheureusement, il se trouvait dans la rue ou à la campagne, son corps se courbait à chaque coup, et il entrait dans la première maison qu'il rencontrait.

Après son ordination, il fut envoyé à Ferrières, gros bourg du Bourbonnais, où il trouva un vieux prieur curé, qui le reçut très-bien, et lui avait promis de lui résigner sa cure ; il y resta jusqu'à la fermeture des églises, forcé de se retirer, mais non de se cacher, n'ayant jamais été assujetti à prêter serment à la constitution civile du clergé et n'étant pas regardé comme réfractaire, quoique la malignité ait voulut le porter comme constitutionnel, afin de lui nuire. Cela n'était pas vrai, ainsi que le dit avec raison M. Alfred Maury, dans son article de la *Biographie universelle*. En partant de Ferrières, il se rendit à Chalinargues, chez ses père et mère, y passa le temps de la persécution et de la terreur, en faisant du salpêtre pour la république.

Dès les premiers jours de tranquillité et le temps de la tourmente révolutionnaire un peu apaisé, il ouvrit l'église de Chalinargues, et fut le premier qui eut ce courage dans toute l'Auvergne, et peut-être en France. Le sous-préfet de Murat, en étant informé, envoya une brigade de gendarmerie pour la faire fermer. M Labouderie, ayant prévu qu'il en serait ainsi, avertit tous les paroissiens de rester tranquilles chez eux, se revêtit des habits sacerdotaux, alla à l'église, se mit sous le porche, et attendit les gendarmes. A leur arrivée, il leur dit avec sang-froid et fermeté qu'il ne fermerait pas l'église. Le brigadier répliqua que, refusant de la fermer, il avait ordre de l'arrêter. M. Labouderie le somma de lui montrer l'ordre d'arrestation par écrit; le brigadier n'ayant pu le lui communiquer, vu qu'il n'en avait pas, M. Labouderie lui dit : « Je promets, sur l'honneur, de me rendre demain chez le sous-préfet. » Le lendemain, longue discussion à la sous-préfecture, en présence du lieutenant de la gendarmerie, du secrétaire de la sous-préfecture, du maire et de quelques bourgeois les plus influents de la ville. Le jeune prêtre, en soutane, costume proscrit à cette époque, dit qu'il ne fermerait pas l'église, mais qu'il emmènerait avec lui le vieux curé qui avait exercé le ministère pendant quarante ans dans cette paroisse, qui était né et habitait dans cette petite ville. Il tint sa parole, fut prendre le vieux curé, l'emmena à Chalinargues, où il mourut, après cinquante ans de cure, sans jamais l'avoir quittée que momentanément. Le zèle de M. Labouderie ne se contenta pas d'avoir ouvert l'église de sa paroisse natale; il alla dans trois ou quatre paroisses voisines, fit ouvrir les églises, y rétablit le culte catholique, y ramena les anciens curés, qui se cachaient sous la désignation de réfractaires. Dans tout le diocèse on lui avait donné le surnom d'ouvreur d'églises.

Lors du concordat de 1801, M. de Belmont étant nommé à l'évêché de Saint-Flour, un des premiers prêtres

qu'il vit en arrivant dans son diocèse fut M. Labouderie ;
ce qui n'empêcha pas de faire courir le bruit, dans ce
temps de fanatisme, que le curé et le vicaire de Chalinargues n'étaient pas unis de communion avec l'évêque.
A cette occasion l'évêque écrivit à M. Labouderie la
déclaration suivante : « Jean Éléonore, par la miséricorde
« divine et la grâce du saint siége apostolique, évêque
« de Saint-Flour, à ceux qui ces présentes verront,
« salut et bénédiction. Attestons que le citoyen Jean
« Labouderie, prêtre, natif du diocèse de Saint-Flour,
« actuellement vicaire à Chalinargues, est uni de com-
« munion avec nous.

« Donné à Saint-Flour, l'an de grâce 1802, le 6 bru-
« maire an XI de la république française.

« JEAN ÉLÉONORE, évêque de Saint-Flour.

« Par Mgr l'évêque :
« *Cussac, prêtre, secrétaire par intérim.* »

Le 10 octobre 1803, M. Labouderie reçut la lettre
suivante : « Vous n'êtes point fait, Monsieur, pour rester
« dans l'inaction ; je dois à l'Eglise, à laquelle vous pou-
« vez et devez être utile, de vous mettre à même de cul-
« tiver les talents que la divine Providence vous a donnés.
« Avant l'expiration de vos pouvoirs vous recevrez une
« mission pour une ville. Vous y serez sous un excellent
« curé, sous lequel se sont déjà formés plusieurs ecclé-
« siastiques distingués, et il ne tiendra pas à moi que je
« ne seconde vos efforts, et que je ne vous donne des
« preuves des espérances que je fonde sur vous, et

« du sincère et respectueux attachement avec lequel je
« suis,

« Monsieur,

« Votre très-humble et très-obéissant serviteur,

« JEAN ÉLÉONORE, év. de Saint-Flour. »

Dans la paroisse de Chalinargues il y avait deux fêtes patronales ; les paroissiens et ceux des paroisses voisines après les offices se réunissaient sur la place publique. Les jeunes gens y dansaieut en présence de leurs pères et mères ; le curé et le vicaire se mettaient à la croisée du presbytère, qui donnait sur la place, et regardaient danser. A la chute du jour, le vieux curé, frappant des mains, leur disait : « Allons, mes enfants, voilà la nuit, retirez-vous chacun chez vous » ; et tout le monde se retirait. Dans ce pays, les mœurs étaient très-pures ; une demoiselle qui se serait laissé séduire et aurait manqué à ses devoirs n'aurait pas trouvé à se marier. Les successeurs du vieux curé et de M. Labouderie tinrent une conduite tout opposée : ils défendirent les réunions et la danse sur la place publique ; on dansa dans les cabarets ; les jeunes gens s'assemblèrent en tête-à-tête dans les bois, les termes des blés, les prés et dans les maisons particulières. Il en résulta que ce qui n'arrivait presque jamais arriva très-fréquemment ; les mœurs changèrent entièrement, et la fréquence des oublis fit que les demoiselles trouvèrent à se marier. Toute réunion des deux sexes, tout divertissement public devient innocent, par cela même qu'il est public ; au lieu que l'occupation la plus louable est suspecte dans le tête-à-tête. Penser autrement, c'est peu connaître le cœur humain. L'auteur du *Résumé de l'Histoire d'Auvergne,* par un Auvergnat, Paris, 1826, page 510, dit que « les prêtres y montrent à cet égard « une trop grande sévérité et un zèle trop peu éclairé « peut-être. Ils interdisent aux femmes la danse et les « plaisirs, et ne leur laissent pour ressource que la mé- « disance. »

Très-peu de temps après, le 29 décembre de la même année, M. Laboudrie reçut une nomination de vicaire de Langeac, petite ville de la basse Auvergne. L'autographe de cette lettre est déchiré. Elle occasionna un très-grand dépit à M. Laboudrie, qui voulait rester à Chalinargues. La politique de Mgr l'évêque de Saint-Flour était de ne laisser exercer le ministère à aucun prêtre dans l'église de la paroisse où il était né, afin de le soustraire à l'influence ou à l'importunité de ses parents. Je laisse à chacun à approuver ou à critiquer ce système; pour moi, je pense qu'il est salutaire. L'esprit de cette ville était très-religieux, mais très-opposé aux événements de la révolution de 1789. Un officier retraité des armées républicaines, natif de la ville, y demeurait et était malade. Il n'y avait pas d'exemple dans cette ville qu'une personne fût morte sans recevoir les sacrements de l'Eglise. Plusieurs prêtres étaient allés le voir, sans qu'aucun eût pu le faire rentrer dans le giron de l'Eglise; on l'avait tellement irrité, qu'il tenait deux pistolets chargés dans son lit, à côté de lui. Il avait formellement déclaré à plusieurs personnes que le premier prêtre qui entrerait dans sa chambre aurait la cervelle brûlée. M. le curé dit à M. Laboudrie de faire le sacrifice de sa vie, de braver les dangers pour ramener cet officier dans le sein de l'Église. M. Labouderie alla voir l'officier, malgré l'opposition des autorités civiles de la ville, qui disaient qu'on sacrifiait leur jeune vicaire sans espoir de succès. L'officier, en le voyant entrer, s'arma d'un des pistolets. Sans se déconcerter, M. Labouderie lui dit : « Je suis nouvellement arrivé dans cette ville ; j'ai appris qu'il y demeurait un brave officier, qui avait vaillamment combattu pour son pays ; j'ai cru de mon devoir de lui faire une visite. » L'officier laissa tomber sur son lit le pistolet qu'il tenait à la main, la tendit au visiteur en lui disant : « D'où venez-vous, Monsieur? Tous ceux de votre robe qui sont entrés chez moi m'ont dit que j'étais damné pour avoir porté les armes en faveur de la république. — Non, reprit M. l'abbé Labouderie, je ne croirai jamais qu'un homme qui a si bien combattu pour la patrie ne serve pas son Dieu. » Après une conversation conforme à l'état du malade, l'officier fit promettre au jeune vicaire de revenir le voir, ce qui eut lieu le jour d'après. Le malade rentra dans le giron de l'Eglise, et mourut très-peu de jours après. Une grande partie de la population de la ville assista à l'administration des sacrements et à l'enterrement. Pendant longtemps on parla de cet événement, qui eut un très-grand retentissement dans ce petit pays. Peu de temps après, M. le curé de Langeac reçut une lettre anonyme ; l'auteur se disait curé d'une paroisse du diocèse. Dans cette lettre on disait contre M. Labouderie tout ce que la fourberie et le mensonge pouvaient inventer de plus atroce. M. le curé, après l'avoir communiquée à M. Labouderie, voulait l'envoyer à l'évêque, avec prière de faire faire des recherches sur le calomniateur ; M. Labouderie s'y opposa, et eut assez d'ascendant pour faire détruire la lettre.

En 1804, M. Labouderie désirant aller à Paris, pour cela il était nécessaire de se munir de l'exéat de l'évêque de Saint-Flour ; il eut beaucoup de peine à l'obtenir. Le 19 mars de la même année, l'évêque lui écrivit : « Je « reçois, Monsieur, votre lettre du 18 mars. Je suis bien « surpris de la détermination dont vous me faites part. « Je compte trop sur votre bonne volonté, dont vous « m'avez donné une preuve en vous rendant à Langeac, « pour croire que vous changiez si promptement de dis- « positions. Croyez que la meilleure étude est celle que « vous faites, c'est du moins celle qui est le plus dans « l'ordre de la Providence, et celle par conséquent qui « satisfait le plus ; après le jubilé et les pâques, vous « aurez plus de temps à vous, soit pour vous reposer, « soit pour vous livrer à l'étude. Je ferai en sorte de « rappeler ce confrère aux règles de l'honnêteté et de la « charité. Le suffrage de votre respectable curé et de « tout Langeac vous dédommage abondamment. Croyez « que je saurai rendre justice et aux talents et à la bonne « conduite, et qu'il me sera toujours infiniment agréable « de vous prouver le bien sincère et respectueux atta— « chement avec lequel je suis,

Monsieur,

« Votre très-humble et très—obéissant serviteur,
« † Éléo., *évêque de Saint-Flour.* »

Mais, tourmenté du désir de s'instruire, M. Labou—

derie sollicita si vivement son exéat, qu'il l'obtint le
12 octobre 1804 :

« Joannes-Eleonorus de Belmont,

« *Miseratione divina et sanctœ sedis apostolicœ gratia*
« *Episcopus Sanflorensis,*

« Dilecto nobis in Christo magistro Joanni Laboude-
« rie, presbytero diœcesis Sanflorensis, salutem in Do-
« mino. Tibi per præsentes licentiam concedimus exe-
« undi e nostra diœcesi, et commorandi in diœcesi Pa-
« risiensi ; insuper attestamur te nulla hæreseos labe
« pollutum esse, nullove suspensionis, interdicti aut
« excommunicationis vinculo innodatum. Quod saltem
« ad nostram pervenerit notitiam.

« Datum Sanflori, sub signo sigilloque nostris, necnon
« secretarii nostri subscriptione, anno Domini millesimo
« octingentesimo quarto, die mensis octobris duodecima,
« anno vero decimo tertio reipublicæ gallicanæ, die ven-
« demiarii vigesima.

« † Eleo., *Eppisc. Santiflori.*

« De mandato illustrissimi ac reverendissimi D. D.
« Episcopi Santi Flori.

« Delmas, *presbyter secret.* »

Je rapporte ces pièces, parce que longtemps après on
disait que M. Labouderie s'était enfui de son pays sans
obtenir l'autorisation nécessaire pour changer de diocèse. Arrivé à Paris, il dit la messe à l'église de Saint-
Louis-en-l'Ile, employa quatre à cinq ans à apprendre
les langues orientales, telles que l'hébraïque et autres.

M. de Belmont, évêque de Saint-Flour, étant venu à Paris pour le sacre de l'empereur Napoléon 1er, voulait le ramener avec lui; mais M. Labouderie ne rêvait que science. Il suivit assidûment pendant plusieurs années les cours du Collége de France. Ayant épuisé ses ressources, il fut placé en qualité d'administrateur ou vicaire à la paroisse de Saint-Paul, rue Saint-Antoine. De 1807 à 1810, il suivit les cours de l'École de droit de Paris, et fut reçu licencié en droit le 8 mai de cette dernière année. Le 5 juillet 1806, il avait été reçu templier du grand ordre d'Orient; en 1809 grand dignitaire ecclésiastique. Cette année, la loge d'Orient fit célébrer publiquement un service à l'église des Jésuites, rue Saint-Antoine. Les templiers étaient revêtus de leurs costumes. M Labouderie, en soutane blanche, ceinture de la même couleur, franges en or, grand uniforme ecclésiastique de l'ordre, y officia et y fit un discours en présence d'une foule considérable de curieux, attirés par une cérémonie toute nouvelle. L'église était décorée avec beaucoup de pompe. Les croix qui existent aujourd'hui sur les piliers ont été peintes pour cette circonstance; elles sont l'emblème des templiers. L'église était si pleine que, quoique toutes les portes fussent ouvertes, le public se répandait sur les escaliers du grand portail jusqu'à la rue Saint-Antoine. Dans les anciens catalogues de cet ordre, on y trouve les noms de plusieurs évêques et prêtres qui en ont fait partie.

En 1808, il ramena dans le sein de l'Église M. Sermet, évêque constitutionnel métropolitain de Toulouse, connu sous la désignation de père Hyacinthe, et M. Lemaire, curé constitutionnel de la paroisse de

Sainte-Marguerite de Paris; reçut la rétractation du serment qu'ils avaient prêté à la constitution civile du clergé, le tout en vertu de pouvoirs spéciaux de l'archevêché de Paris. M. l'abbé Grégoire, ancien évêque de Blois et sénateur, prononçant un discours sur la tombe de M. Sermet, soutint qu'il avait toujours persisté dans ses principes religieux, et il disait : « L'imposture essayerait « en vain de s'agiter sur sa tombe pour flétrir sa mé- « moire ; en vain des hommes furieux de voir une cause « jugée sans réplique tenteraient de faire croire ce « qu'eux-mêmes ne croient pas, en insinuant que ses « sentiments et son langage ont varié. » L'imprudence et la légèreté de M. Grégoire, en niant ce qu'il y avait de plus certain, mit la plume à la main de M. l'abbé Labouderie, et, dans un supplément à l'oraison funèbre de M. Sermet, il réfuta vigoureusement les erreurs de M. Grégoire en ces termes : « On ne doit pas souffrir « que le nom de M. Sermet soit flétri après sa mort, et « couvert d'opprobre par son panégyriste. Non, il ne « parviendra jamais à mettre les erreur de son esprit à « la place de la vérité. » Les dernières paroles que M. Sermet prononça furent celles-ci : « Je veux mourir, « comme ma mère sainte Thérèse, dans le sein de l'É- « glise catholique. Je reçois ce qu'elle reçoit, et je re- « jette ce qu'elle rejette. Je lui soumets mes écrits et « ma conduite. »

En 1811, M. Labouderie fut nommé vicaire de Notre-Dame de Paris; en cette qualité, il était chargé, avec ses deux autres confrères, d'accompagner les condamnés à l'échafaud. Le nommé Charles Dautun, qui avait assassiné son frère, dépecé son corps en morceaux, disséminé

les lambeaux dans les rues de différents quartiers de
Paris, lui tomba en partage. L'exécution eut lieu le
28 mars, qui était le mardi de Pâques 1815, peu de jours
après la rentrée de Bonaparte à Paris, venant de l'île
d'Elbe. En arrivant à la Conciergerie, les gardiens lui
dirent qu'il ne devait pas entrer dans la cellule de ce
furieux, qu'il serait assassiné, qu'il n'avait aucun instru-
ment tranchant sur lui, mais qu'il était extraordinai-
rement fort et qu'il y avait du danger. M. l'abbé Labouderie y entra; il était bel homme, de figure agréable et
se présentait bien. Le patient lui dit : « Vous êtes un
imprudent, que venez-vous faire ici ? — Non, répondit
M. Labouderie : vous êtes malheureux; vous avez six
heures à dépenser (temps prescrit à cette époque); je
viens converser avec vous, afin que vous les passiez le
moins péniblement possible. » La conversation s'engagea;
on parla latin, histoire, littérature, et enfin religion.
M. Labouderie remplit heureusement sa mission. En
sortant de la Conciergerie pour aller à l'échafaud, à peine
était-on monté sur la fatale charrette, qu'elle fut entou-
rée d'un nombre innombrable de curieux. Plusieurs de
ces forcenés se mirent à crier : *A bas la calotte! guillo-
tinez ce royaliste!* M. l'abbé Labouderie leur imposa
par son calme et sa résignation à remplir son ministère. Il était timide et modeste dans ses relations jour-
nalières, mais indomptable et impétueux au moment du
danger. Plusieurs pamphlets de l'époque ont dit que
Dautun avait crié : *Vive l'Empereur!* et que Bonaparte en
avait été extrêmement vexé, mais le fait n'est pas vrai.
(*Histoire du cabinet des Tuileries*, 2ᵉ édit., 1815, p. 89,

note 33.) On peut tenir pour certain que ce cri n'a pas été proféré.

Le 20 avril 1815, le maire du IXe arrondissement de la ville de Paris écrivit la lettre qui suit :

« *A Monsieur le curé de Notre-Dame.*

« Monsieur,

« M. le préfet de la Seine, par son arrêté du 18 de ce « mois, a décidé que MM. les curés et vicaires des égli- « ses de Paris prêteraient, entre mes mains, le serment « prescrit par le décret impérial du 8 de ce mois.

« Cette disposition ne regarde que MM. vos vicaires ; « je sais que vous avez prêté serment avec le chapitre « de Notre-Dame, en qualité d'archiprêtre.

« J'ai donc l'honneur de vous prier de vouloir bien « inviter MM. Labouderie, Paradis et vos vicaires, à se « rendre demain vendredi, à une heure, à l'hôtel de la « mairie, pour cette prestation de serment.

« Veuillez agréer, Monsieur, l'assurance de ma consi- « dération distinguée.

« DENISE. »

Cette lettre fut transmise à M. Labouderie, qui ne voulait pas prêter serment à l'Empereur, et il ne le prêta pas. Il ne voulait pas non plus critiquer la conduite du chapitre de Notre-Dame, avec lequel il était très-bien, et encore moins celle de son vénérable curé, qui était octogénaire ; il partit pour la campagne. On fit circuler dans le quartier qu'il était exilé, ce qui n'était qu'un exil volontaire ; mais avant de partir, il écrivit à son curé :

« Monsieur et très-respectable pasteur,

« Je pars pour la campagne. J'y vais soigner ma santé
« délabrée. Si je ne prends pas congé de vous, c'est
« pour vous épargner à vous et à moi un moment de
« sensibilité et d'émotion. Je vous supplie de ne pas me
« regarder comme un homme singulier dans ses opi-
« nions : je ne fais que suivre les lumières de ma raison
« et celles de ma conscience. Je vous supplie aussi de ne
« pas blâmer ma conduite ; que la bienveillance dont
« vous m'honorez jette un voile de miséricorde sur ce
« qu'elle peut avoir de tranchant ; et puis, à mon retour,
« je montrerai tant de soumission, tant d'obéissance,
« tant de ce respectueux attachement qui me lie si étroi-
« tement à vous, que je vous forcerai à m'appliquer ces
« paroles de l'Évangile : *Multa peccata dimittantur ei*
« *quoniam dilexit multum.*

« J'ai l'honneur d'être, avec des sentiments de véné-
« ration et de dévouement qui vous sont connus,

« Monsieur et très-respectable pasteur,

« Votre très-humble et très-obéissant serviteur et vicaire,

« J. LABOUDERIE. »

24 avril 1815.

Le même jour, il reçut la réponse à sa lettre.

Paris, 24 avril 1815.

« Votre lettre, Monsieur, achève de m'accabler ; votre
« détermination met le comble à la triste situation où

« vous me laissez. Je vous avais donné toute ma con-
« fiance : vous avez répondu à mes sentiments d'une
« manière qui ajoute infiniment à mes regrets. J'aurais
« pu espérer que le prix que vous avez mis à ma con-
« fiance sans réserve m'aurait obtenu assez puissamment
« la vôtre pour que vous ne parussiez pas condamner
« ma conduite par le parti extrême que vous prenez, et
« qui peut avoir des suites fâcheuses et augmenter les
« peines sensibles dont je suis pénétré. Vous me faites
« espérer qu'au retour du bon ordre vous me consolerez
« par le retour de votre amitié; je crains bien que l'in-
« tervalle ne soit aussi long qu'il sera pénible pour moi.
« Conservez-moi du moins des sentiments que j'ai voulu
« mériter par les miens, qui sont inaltérables, avec les-
« quels j'essayerai de calmer ma douleur, et avec les-
« quels j'ai l'honneur d'être,

« Monsieur,

« Votre très-humble et très-obéissant serviteur,

« DELAROU, curé de Notre-Dame. »

Après son retour de la campagne, il tint la promesse
qu'il avait faite à son curé ; l'amitié la plus intime exista
jusqu'à la mort de celui-ci.

Nombre de fois, ses confrères, n'ayant pu réussir auprès des condamnés, ont eu recours à M. Labouderie. Jamais aucun ne lui a résisté. Connaissant et pratiquant la
religion en grand, remontant à son origine, exempt de
pratiques minutieuses et superstitieuses, l'enseignant
telle qu'elle est sortie parfaite de Jésus-Christ, il avait,

avec ces principes d'éternelle vérité, ramené une foule d'incrédules, converti un grand nombre de juifs et de protestants. Sa chapelle à Notre-Dame était toujours remplie de personnes les plus distinguées de la capitale, moins les dévots et les dévotes. Seul il confessait plus de monde que tous les prêtres de la cathédrale, d'autant qu'il n'était pas homme à tenir une dévote pendant deux heures, et ce une fois ou deux par semaine. S'il lui en venait quelquefois, il ne les gardait pas longtemps.

La Restauration de 1814 étant venue, et les persécutions ecclésiastiques avec elle, le même curé auvergnat écrivit des lettres à l'archevêché de Paris, qui cette fois produisirent leur effet. Le rédacteur du journal *l'Ami de la Religion* du jeudi 16 octobre 1831 fait mention d'une de ces lettres, et prend cette occasion pour injurier M. Labouderie, ainsi qu'il l'a fait pendant longues années, sous le prétexte d'une petite brochure publiée par M. Labouderie dans son pays, pendant sa jeunesse, perdue et désavouée par lui, dont un exemplaire était parvenu aux mains de ce curé, qui l'envoya au rédacteur de ce journal.

Chargé en 1816 de l'éducation religieuse des deux demoiselles que M. le duc de Berry avait eues en Angleterre, il fit, en 1820, faire faire la première communion à l'aînée, dans la chapelle particulière de la duchesse de Berry, au château des Tuileries. La duchesse fit créer une place d'aumônier dans sa chapelle, y nomma M. l'abbé Labouderie, et le lui fit annoncer. L'archevêché de Paris, qui en fut instruit par M. l'abbé Desjardins, confesseur de la duchesse et chargé par elle d'aller le remercier, intervint, et la place, créée tout exprès pour récompenser des services personnels, fut donnée à **M.** l'abbé de la Bourdonnais. Depuis cette époque, lorsqu'on demandait à l'archevêché quelques fonctions pour **M.** Labouderie, on répondait : « Il doit être aumônier de la duchesse de Berry. » Lors de cette première communion, Charles **X**, alors comte d'Artois, lui fit passer la note autographe suivante :

« Je suis bien aise de vous voir, monsieur l'abbé. Je « vous souhaite de tout mon cœur toute sorte de bon-« heur et de prospérité.

« L'abbé Galard, que je connais un peu, est nommé « évêque du Mans.

« J'espère que je vous verrai aussi un jour une mître « sur la tête. »

Jamais personne n'a fait de cérémonie auprès des princes de la famille royale sans qu'on lui ait fait cadeau d'un objet d'art pour en perpétuer la mémoire. **M.** l'abbé Labouderie est peut-être le seul qui n'ait pas reçu de souvenir.

En 1820, **M.** l'abbé Labouderie donna et corrigea une édition d'une petite *Vie des saints* en tableaux pour chaque jour de l'année, destinée principalement à l'enfance, contenant une gravure sur bois représentant le sacrifice spécial de chaque saint, une oraison, la vie du saint ou de la sainte et une réflexion à la fin ; le tout contenu dans deux pages d'impression in–24. La petite Vie contenait des récits incroyables, contraires à la nature des choses, qui remplissaient l'esprit de l'enfance d'erreurs, inculquaient dans sa jeune imagination des impressions qui lui faussaient la raison, le rendaient incrédule et lui faisaient mépriser les choses saintes ; le tout raconté d'une manière très-incorrecte. M. Labouderie effaça ce qu'il y avait de plus incroyable ; mais il le fit avec beaucoup de modération, se promettant de retrancher une autre fois des erreurs qu'il y avait laissées, pour ne pas trop effaroucher les personnes superstitieuses et fanatiques, qui ne trouvent bien que ce qui est contraire à l'ordre des choses établies par Jésus-Christ.

Dans cette circonstance, il conçut le projet de faire, sur le même plan, une *Vie des saints* destinée aux grandes personnes, ornée de belles gravures, afin d'en faire un livre de bibliothèque pour les fidèles ayant reçu une bonne éducation religieuse. Il envoya son plan à la duchesse de Berry, en lui demandant la permission de la lui dédier. La duchesse communiqua le plan à M. l'abbé Desjardins, qui s'empara de l'idée et voulut, à l'aide de tout le personnel de l'archevêché de Paris, faire une *Vie des saints* d'un grand luxe. On fit faire de magnifiques gravures représentant les trois cent soixante-cinq bienheureux qui devaient être mis dans ce recueil. On la dédia à monseigneur le duc de Bordeaux ; on la prôna partout. Tous les journaux sous leur direction en firent le plus grand éloge, toutes les personnes appartenant à la coterie souscrivirent. On trouva bien des artistes pour exécuter les dessins et les gravures, mais, pour le texte de la vie des saints, pas un homme en état de le rédiger. On fit adroitement sonder M. Labouderie, qui refusa. On emprunta la plume de plusieurs pieux laïques, qui se prêtèrent de très-bonne grâce et gratuitement, et firent des romans magnifiquement incohérents. On dépensa en gravures et en impression des sommes considérables, et on poussa l'entreprise jusqu'à environ deux douzièmes. Les portraits se vendirent sur les quais de Paris, et le texte servit à faire des cornets chez les épiciers.

Ne pouvant faire réussir leur entreprise, on fit calomnier celui qui en avait eu la première idée. Le journal déjà cité s'exprime ainsi : « Ce qui nous fit rompre le « silence, ce fut un recueil d'images et vies des saints at- « tribué à M. Labouderie. On peut voir n° 1603 dans « quel singulier esprit étaient rédigées ces vies. » L'esprit singulier de M. Labouderie consistait à avoir mis ces vies des saints en français et en orthographe actuelle, à avoir châtié quelques miracles controuvés, absurdes, contraires au bon sens et à la raison. Il voulait faire mentir le proverbe qui dit: *Menteur comme la Vie des saints;* mais l'esprit de parti ne raisonne pas. Cette critique injuste et passionnée fit beaucoup de bien à la *Vie des saints*: il s'en vendit un nombre considérable, on la découpait pour la donner aux enfants dans les écoles; mais elle fit beaucoup de mal à l'auteur. Une *Vie des saints* manque; un ecclésiastique nourri des vrais principes de la religion qui l'exécuterait rendrait un grand service.

Le dimanche 21 juin 1818, M. Labouderie prêcha un sermon sur l'unité de l'Église à la paroisse Saint-Gervais, en présence de M. l'abbé Jalabert, vicaire général et archidiacre de Notre-Dame. Ce discours déplut tellement à M. l'archidiacre, que le jour même il déféra le prédicateur à l'officialité diocésaine. Sommation fut faite de déposer le manuscrit au greffe par la lettre suivante :

Archevêché de Paris.

Paris, 22 juin 1818.

« Monsieur,

« MM. les vicaires généraux désirent de connaître le
« sermon que vous avez prêché hier dans l'église de
« Saint-Gervais ; ils vous prient de vouloir bien leur en-
« voyer votre cahier.

« J'ai l'honneur d'être parfaitement, Monsieur, votre
« très-humble et très-obéissant serviteur,

« JALABERT, *vicaire général.* »

Le dépôt fait et après l'avoir examiné pendant trois
semaines, il n'y eut pas moyen de pouvoir blâmer aucune des propositions contenues dans le manuscrit. Le
dénonciateur soutint la dénonciation, retourna dans tous
les sens les phrases l'une après l'autre, il voulait à tout
prix y trouver des propositions erronées. M. l'abbé
Boilève, official, soutint qu'il était impossible de trouver
que le prédicateur eût avancé quelque erreur ; il disait
que quelques-unes des propositions pouvaient n'être pas
de l'opinion de M. l'archidiacre, mais que le discours ne
contenait rien de répréhensible qui puisse même être
blâmé sans une grande injustice ; que le tout était conforme à l'enseignement de l'Église, et qu'il défiait le
théologien le plus instruit de motiver une condamnation
sur une des propositions exprimées dans le manuscrit.

M. l'abbé Labouderie savait qu'il était surveillé, qu'à
tous ses sermons il y avait un envoyé de l'archevêché,
et il se surveillait lui-même ; il savait que, s'il avançait

quelques propositions erronées, on ne manquerait pas de
le déférer à l'autorité. Aussi il débitait ses sermons sans
rien changer de ce qu'il avait écrit. Rarement il parlait
d'abondance : il fallait être orthodoxe, sous peine
d'être interdit à la première erreur. Malheureusement
pour lui, on ne put censurer son discours prêché à Saint-
Gervais. On pardonne quelque fois les fautes des autres,
et jamais celles qu'on commet soi-même. Ne pouvant
trouver des erreurs, on y trouva des fautes de style, de
goût, et on ne manqua pas de le répandre parmi les
affidés, qui s'acquittèrent bien de leur devoir.

Plusieurs ecclésiastiques ont dit à M. l'abbé Labouderie que M. l'abbé Jalabert se repentait d'avoir porté
cette dénonciation contre lui, et qu'il disait que, s'il
était à le faire, il ne le ferait pas, ce qui prouve que,
lorsqu'on porte une accusation, on devrait bien réfléchir
avant de la porter ; une fois le mal fait, il est très-diffi-
cile de le réparer. Mais enfin, M. l'abbé Jalabert s'est re-
penti, que miséricorde lui soit faite. M. l'abbé Labouderie n'était pas vindicatif.

Il fut nommé, en 1819, chanoine honoraire de Saint-
Flour, par M. Salomon ; en 1820, chevalier du Saint-
Sépulcre de Jérusalem ; en 1821, commandeur du même
ordre ; le 10 janvier 1822, par décision de Louis XVIII,
prieur commissaire général survivancier du révérend
père Lacombe du Crouzet, première dignité ecclésiastique de cet ordre, un des plus anciens remontant aux
croisades. M. l'abbé de Quélen, archevêque de Paris,
voulait avoir la dignité de prieur commissaire général.
Il fit et fit faire beaucoup de démarches auprès de M. La-

combe Du Crouzet; il disait et faisait dire que, M. Labouderie étant commandeur, c'était bien assez pour lui, que même il n'aurait pas dû être nommé à ce grade. Mais l'affaire fut négociée avec tant d'adresse auprès de Louis XVIII, que M. Labouderie fut nommé malgré toutes les intrigues pour l'empêcher.

En 1820, parut dans la *Biographie universelle* de M. Michaud l'article de MARIE-ANTOINETTE, dans lequel on dit qu'elle n'avait point vu de prêtre non assermenté. M. l'abbé Magnin, après la Restauration, dit et fit répandre partout qu'il avait confessé et administré la reine dans sa prison à la Conciergerie, en présence de deux gendarmes qui avaient communié en même temps que la reine, ce qui lui valut la cure de Saint-Germain-l'Auxerrois, alors paroisse royale du château des Tuileries. Il fit de plus faire un tableau qu'il fit placer dans l'église, où il était représenté donnant la communion à la reine, et une gravure de ce même tableau qu'il distribuait tous les ans aux enfants lors de la première communion. L'article de la *Biographie* détruisit tout ce prestige, et le convainquit de mensonge et d'imposture. M. Magnin en voulut, ainsi que quelques prêtres, à M. Labouderie, en disant que, travaillant à la *Biographie*, il aurait pu empêcher que l'article contînt cette critique, si toutefois il n'avait pas donné des renseignements, ce qui lui occasionna beaucoup de persécutions de la part de certains ecclésiastiques et laïques professant des principes conformes à cette erreur; et cependant il n'y était pour rien, ainsi que l'auteur de l'article me l'a assuré plusieurs fois. A dater de cette époque, les yeux de la duchesse d'Angoulême furent ouverts. Le curé était devenu pour elle un objet de haine et de mépris.

En 1822, l'évêché d'Avignon fut élevé en archevêché ; M. de Morel de Mons, évêque de Mende, y fut nommé. Etant venu à Paris pour prêter serment entre les mains du roi, des affaires personnelles l'empêchant d'aller prendre possession de son diocèse, il nomma M. Labouderie premier vicaire général titulaire, et le chargea d'aller prendre possession en son nom. Mais l'éducation religieuse des demoiselles de Berry n'était pas terminée ; M. l'abbé Labouderie leur était tellement attaché, qu'il ne put se décider à aller à Avignon. Il en fit part à l'archevêque, qui approuva son motif, et lui donna le titre de grand vicaire honoraire à la résidence de Paris, pour la correspondance. L'*Ami de la Religion*, rédigé alors par des hommes très-bienveillants, saisit cette occasion pour dire que M. Labouderie avait été nommé grand vicaire d'Avignon par M. Périer, parce que M. Périer était évêque constitutionnel. M. Labouderie réclama contre cette erreur commise à dessein, par la lettre suivante :

« A M. le rédacteur de l'*Ami de la Religion*.

« On vient de me communiquer un article très-hostile « contre moi que vous avez inséré dans votre numéro « du 27 septembre dernier ; je crois qu'il est de mon « devoir d'y répondre.

« 1° Vous assurez que le *Constitutionnel* n'a pas été « bien informé sur mon compte. M. Labouderie, dites- « vous, *avait reçu autrefois le titre de grand vicaire*

« d'Avignon, *mais c'était un titre purement honorifique*
« *qui lui avait été conféré sous l'épicopat de* M. *Périer*
« *et dont il n'a jamais fait les fonctions. Ce titre lui a été*
« *retiré depuis.* C'est vous qui êtes mal informé, je n'ai
« jamais été grand-vicaire de M. Périer. M. de Morel
« de Mons, immédiatement après la réception de ses
« bulles pour l'archevêché d'Avignon, me nomma son
« premier vicaire général et me chargea d'aller prendre
« possession de son siége pour lui. Il est vrai que des
« occupations m'ont empêché d'en remplir les fonctions,
« mais j'en ai conservé le titre jusqu'à la mort du respec-
« table prélat qui me l'avait conféré, malgré les intrigues
« des personnes que vous connaissez bien. Sa mort
« seule, arrivée en 1820, l'a éteint, suivant l'usage.

« 2° *Quant au panégyrique de saint Louis,* si vous
« m'avez montré beaucoup de désobligeance à ce sujet
« dans votre numéro 1096, tome XLII, de vrais amis
« de la religion en ont été *satisfaits;* cela me suffit. Le
« public fera justice du reste de l'article.

« Pendant plus de dix ans, vous n'avez cessé de me
« harceler dans votre journal; j'ai dédaigné jusqu'à pré-
« sent vos attaques, mais on me blâmerait peut-être de
« pousser trop loin la mansuétude.

« J'ai l'honneur de vous saluer,

« J. L.

« Paris, 11 octobre 1834. »

« Je pense que vous insérerez ma lettre dans votre
« plus prochain numéro, et que vous ne m'obligerez pas
« à user de la rigueur de la loi. »

Et les bienveillants rédacteurs s'exprimèrent ainsi :
« Il est vrai que nous l'avions cru ainsi, et nous n'avons
« appris que depuis que nous nous étions trompés. C'est
« bien M. de Mons qui donna des lettres de grand vicaire
« à M. Labouderie, mais il n'était pas question de la
« place de premier grand vicaire titulaire. » Et sui-
vent les faussetés calomnieuses d'usage. La lettre que
M. Labouderie écrivit à Mgr l'archevêque pour le remercier démontre jusqu'à l'évidence que la place de
premier grand vicaire général titulaire lui avait été
donnée. « Les termes me manquent, Monseigneur, pour
« exprimer les sentiments dont je suis pénétré pour
« Votre Grandeur. Quoique des raisons que vous avez
« approuvées m'aient empêché d'accepter la place de pre-
« mier vicaire général que vous avez daigné m'offrir
« avec tant de grâce, je n'en conserverai pas moins toute
« ma vie la plus vive reconnaissance. Si les liens qui
« m'attachent à Paris viennent à se rompre, vous n'avez
« qu'à ordonner et je volerai auprès de vous, quel que
« soit le poste que vous me destiniez, heureux de voir
« le terme du sacrifice que je fais maintenant, et de pou-
« voir vous convaincre du profond respect et du dévoue-
« ment sans bornes avec lesquels j'ai l'honneur d'être,
« Monseigneur, de Votre Grandeur....

« J. LABOUDERIE.

« Le 27 octobre 1821. »

Le 27 novembre de la même année, il annonça sa
nomination dans une lettre à M. Ledru, maire de Fon-
tenay-aux-Roses : « J'ai été nommé dernièrement pre-

« mier vicaire général d'Avignon ; mes amis et mes espé-
« rances m'empêchent de m'éloigner de Paris. »

En 1823, il fut nommé chevalier de Malte.

Le 9 février 1824, le directeur de l'Académie française
lui écrivit :

« Monsieur,

« Chargé par l'Académie française, en qualité de di-
« recteur pour le trimestre, de choisir un prédicateur
« pour le jour de Saint-Louis, j'ai l'honneur de vous pro-
« poser de prêcher devant elle le panégyrique du saint
« roi. Vos talents et vos vertus me font espérer, Mon-
« sieur l'abbé, que vous ne refuserez pas la mission que
« je suis heureux de vous offrir.

« J'ai l'honneur d'être, avec une haute considération,
« Votre très-humble et très-obéissant serviteur,

« Lainé. »

La proposition fut acceptée le 10 du même mois, en
ces termes :

« J'accepte volontiers la flatteuse proposition que vous
« voulez bien me faire de prêcher le panégyrique de
« saint Louis devant l'Académie française. Je réclame
« d'avance toute son indulgence : quelques efforts que je
« fasse, je sens que je resterai beaucoup au-dessous de
« mon sujet. »

Le 25 août de la même année, il prêcha le panégyrique
de saint Louis devant les membres de l'Académie française. L'église de Saint-Germain-l'Auxerrois était remplie
de monde, la place devant l'église pleine de voitures bour-

geoises. Ce discours eut un grand retentissement; tous les journaux de l'époque en rendirent compte et en firent un grand éloge, même l'*Ami de la Religion,* qui n'avait pas encore reçu des ordres. Le *Journal des Débats* ayant dit que ce discours était le plus beau qui eût été fait depuis la révolution de 1789, l'amour-propre de quelques orateurs chrétiens, qui avaient prêché le même panégyrique devant l'Académie, se trouva tellement offusqué de cet éloge, que quelques-uns consacrèrent dans le journal l'*Ami de la Religion* plusieurs articles pour le réfuter et s'élevèrent contre cette assertion. Ils prétendirent que plusieurs orateurs avaient fait des discours en pareilles circonstances bien plus éloquents et mieux écrits que celui de M. Labouderie. Ces taquineries firent sortir M. Labouderie de son caractère; il écrivit au rédacteur de ce journal :

« A Monsieur Picot,
« Rédacteur de l'*Ami de la Religion et du Roi.*

« Dans mon panégyrique de saint Louis je n'ai parlé
« ni directement ni indirectement des *propriétés nobles.*
« Si l'*Ami de la Religion et du Roi* s'arroge le privilége
« d'en imposer, je dois avoir le droit de signaler son
« imposture. »

29 août 1824.

Après 1830, lors du sac de l'archevêché de Paris, des personnes s'y étant introduites lui apportèrent plusieurs pièces trouvées dans la bibliothèque particulière de l'ar-

chevêque; des rapports faits par des prêtres sur ses sermons; le panégyrique de saint Louis y était traité de
pamphlet; on y disait que ce n'était qu'une diatribe sans
aucune critique ni raisonnement, le panégyriste ayant
fait une invocation à la Pologne. M. le comte de Nan-
touillet, en sortant de l'église, alla trouver Louis XVIII,
et lui dit que, s'il était roi de France, il ferait pendre le
prédicateur qu'il venait d'entendre. Louis XVIII répondit à cela par une plaisanterie. Le discours, ayant été
imprimé, lui fut envoyé, et il fit remercier le prédicateur.

La même année parut le prospectus d'une collection
des meilleurs ouvrages de piété et de morale sous le titre de *Bibliothèque religieuse*, devant contenir cinquante
volumes in-8°. Cette collection, entreprise par une société
anonyme, et sortant des presses de M. Rignoux, était imprimée sur papier fabriqué tout exprès, portant pour fili-
grane : *Bibliothèque religieuse*. L'archevêché de Paris vit
avec beaucoup de peine le nom de M. Labouderie attaché à
une si grande entreprise, et répandit le bruit que c'était une
idée folle qui n'aurait point de succès. *Le Psautier français*, de La Harpe, parut le premier et se vendit très-bien;
il fut suivi de l'*Imitation de Jésus-Christ*, traduite par
Beauzée avec un chapitre de plus, découvert par l'éditeur,
qui eut encore un plus grand succès. Néanmoins l'entreprise en resta là; il n'y eut pas moyen de pousser plus
avant sans pouvoir découvrir d'où cela venait.

En 1827, il fit une notice sur saint Vincent de Paul,
et fit imprimer une lettre de ce saint adressée au cardinal de la Rochefoucauld sur l'état de dépravation de
l'abbaye de Longchamps, en latin, avec la traduction

française. Avant cette époque on écrivait le nom propre *Paule*. M. Labouderie, d'après une lettre autographe lui appartenant, ainsi que deux autres signatures mises au bas de deux quittances, l'écrivit conformément à la manière dont il était écrit d'après les titres en sa possession, ce qui éleva une polémique à cette occasion pour déterminer quelle était la véritable manière d'écrire ce nom. Beaucoup de philologues prétendaient qu'il fallait écrire *Paule*, ainsi qu'on l'écrivait depuis longtemps, les autres soutenait qu'il ne fallait pas d'*e* à la fin du nom. M. l'abbé Labouderie soutint que personne ne pouvait mieux connaître la manière d'écrire le nom de Vincent de *Paul* que Vincent de Paul lui-même, et que l'orthographe la plus certaine était celle qui était conforme à sa signature, ce qui a prévalu, moins pourtant quelques esprits qui ne veulent jamais se rendre à l'évidence.

M. l'abbé OEgger, vicaire de Notre-Dame de Paris, ayant abjuré le catholicisme pour embrasser la réforme et le protestantisme, vint un jour dans le cabinet de M. Labouderie, où était l'auteur de cette notice. A son entrée, effusion de cœur de part et d'autre. La conversation s'engagea sur la position du visiteur. M. Labouderie le sollicita beaucoup à revenir de son erreur en lui disant : « Vous avez été très-bien avec les personnes qui « composent l'intimité de l'archevêque, je vous conseille « d'aller vous jeter à leurs pieds, elles vous recevront à « bras ouvert et vous pardonneront. — Non, répondit M. OEgger ; si c'était vous, je le ferais ainsi ; mais j'ai vécu dans leur intimité et dans leurs confidences, je les connais, ils se moqueront de moi. Si, en les abandonnant, j'avais diminué leurs revenus et que je revienne pour le leur rétablir, ils me recevraient à bras ouverts, ils viendraient même au-devant de moi ; je n'ai abandonné que leur culte, et la démarche que vous me conseillez tournerait à ma perte. Vous pensez suivant votre bon cœur et vos lumières, suivant ce que vous feriez en pareille occurrence ; mais cette fois vous vous trompez sur les personnes, et je ne puis suivre le conseil que vous me donnez. »

Pendant les dernières années de la Restauration, on se ferait difficilement une idée des démarches qui furent faites à l'insu de M. Labouderie pour lui faire obtenir une position autre que celle qu'il avait. Plusieurs fois, des évêchés ont été demandés en sa faveur, deux ou trois fois des demandes collectives ont été faites par des membres des deux chambres. Une fois, une pareille proposition circula à la Chambre des députés, ce qui occasionna un certain murmure en faveur de M. Labouderie, mais toujours inutilement ; on le proposait aussi pour l'éducation de M. le duc de Bordeaux ; on disait que, si son père vivait, il le choisirait. Plusieurs personnes politiques haut placées dans les affaires, connaissant ses principes en faveur de la France, en matière de religion et pour les libertés de l'église gallicane, ont pensé que, s'il avait été choisi pour cette éducation, les événements de juillet 1830 auraient pris toute autre direction que celle qu'ils ont prise ; il était homme à prendre le prince, le conduire à la Chambre et probablement le faire accepter. Enfin, le changement de dynastie accompli, on croyait le parti occulte éteint ainsi que sa domination : erreur, elle n'était que cachée sous la cendre ; elle fut d'autant plus dangereuse qu'elle n'était plus apparente : on n'agissait plus ouvertement, mais l'influence ultramontaine n'était que plus redoutable, ne craignant plus de faire tomber ce qui était, voulant au contraire le renverser.

L'évêché de Beauvais devenu vacant par le décès du titulaire, M. l'abbé Labouderie y fut nommé ; l'ordonnance de nomination rédigée devait être signée le lendemain. Mais l'archevêché de Paris, toujours aux aguets, le sut, fit des démarches pendant la nuit ; par le moyen de l'abbé Gallard, évêque de Meaux, et de Marie-Amélie, reine des Français, on parvint à empêcher que Louis-Philippe signàt la nomination lorsque l'ordonnance lui fut présentée, et Louis-Philippe fut assez faible pour se laisser influencer par la reine et par des personnes qui ne voulaient pas de lui. Le prétexte dont on se servit fut de dire qu'il convenait de faire passer avant M. l'abbé Guillon, aumônier de la reine. L'archevêque de Paris approuva cette nomination afin d'empêcher celle de M. Labouderie. M. l'abbé Guillon, étant nommé, alla voir M. Labouderie, et lui dit que la première nomination serait en sa faveur. La disgrâce entre le général Lafayette et Louis-Philippe date de cette époque ; le général lui reprocha de commencer de bonne heure à abandonner l'origine de sa royauté, et lui prédit sa chute dans un temps plus ou moins éloigné. L'archevêque de Paris, qui ne voulait pas plus de l'abbé Guillon que de l'abbé Labouderie, s'y prit d'une autre manière ; il s'adressa à Rome et y envoya un délégué qui dirigea si bien les intrigues que l'élu de l'évêché de Beauvais ne fut pas proclamé par le pape. Jusqu'alors les nominations aux évêchés étaient rendues publiques par l'insertion au *Moniteur*. A partir de cette époque, pour éviter toute censure contre les tendances de la coterie qui dirigeait les affaires ecclésiastiques, et pendant long-temps, le *Moniteur* ne contint plus ces nominations. M. l'abbé Laboudrie fut désigné pour d'autres évêchés, et notamment pour l'archevêché d'Avignon ; les autorités de la ville le firent complimenter, mais encore inutile-ment. Une lettre du président de la Chambre des députés contient la phrase suivante : « Que j'aimerais vous voir « au poste de mon département ! Mais votre grand voisin « n'y met-il pas un obstacle insurmontable ? »

En 1834, l'évêché de Clermont-Ferrand étant devenu vacant, toute la députation du département du Puy-de-Dôme, à laquelle se joignit celle du Cantal, ayant en tête M. le comte de Montlosier, demanda et sollicita ce siége en sa faveur, mais sans succès ; il en fut de même en 1836 de celui de Saint-Flour, malgré la demande des autorités de la ville, auxquelles se réunirent un grand nombre de prêtres. A cette occasion, M. Laboudrie re-çut les deux lettres suivantes :

« Monsieur et très-honoré confrère,

« Je viens vous faire part d'une nouvelle qui pourrait « vous intéresser ; M. de Cadulen, notre évêque, est « mort aujourd'hui, à cinq heures du matin. Voyez si, « ayant des chances d'être porté, le poste vous convien- « drait : vos talents et vos bonnes qualités, avec les con- « naissances que vous vous êtes faites, devraient, ce me

« semble , vous aplanir la route pour parvenir à l'épis-
« copat.

« Je vous ai prôné auprès de bien des ecclésiastiques,
« et plusieurs m'ont dit, pendant la maladie du prélat :
« — Vous devriez mander à M. l'abbé Labouderie de faire
« des démarches pour Saint-Flour. — J'ai répondu que
« vous n'étiez pas intrigant, que vous vous occupiez à
« écrire l'histoire d'Auvergne.... M. l'abbé.... se dé-
« clare également bien en votre faveur; vous ne devez
« pas craindre que votre nomination éprouve de l'op-
« position.... »

« Monsieur et cher abbé confrère,

« J'avais bien eu, il y a trois ou quatre ans, un autre
« espoir qui, malheureusement, ne s'est pas non plus
« réalisé; c'était de vous voir promu à l'épiscopat, et
« même, qui plus est, nommé au siége de Clermont: j'a-
« vais entendu dire à M. Teillard Nozerolles, *député*, que
« la députation du Puy-de-Dôme et celle du Cantal vou-
« laient vous demander pour évêque de cette ville. Ce
« choix en eût bien valu un autre, suivant moi. » Malgré
cela, on fit répandre le bruit que M. Labouderie n'était
pas bien vu dans son pays et qu'il ne ferait pas le bien.
M. Étienne, de l'Académie française, et monsieur son
fils, firent aussi beaucoup de démarches pour l'évêché
de Verdun, chef-lieu de leur département.

Ce n'était pas assez d'avoir empêché un homme qui
jouissait d'une grande réputation de parvenir à des fonctions qu'il avait méritées par son travail, sa conduite et son
talent. Il fallait lui ôter tout ce qui lui donnait de la célé-

brité. La prédication est un grand levier pour en acqué-
rir. M. l'abbé Labouderie était très-suivi comme orateur
chrétien, non par des coteries, il n'en avait aucune à sa
suite, mais par des auditeurs qui le suivaient pour sa doctrine et la solidité de ses discours. Dès lors il convenait
de lui ôter ce prestige. Comment faire ? L'interdire, il était
trop connu, on ne l'osa pas. On s'y prit d'une autre manière : on réunit les curés de Paris, et on leur dit que
l'archevêque verrait avec peine que M. Labouderie prê-
chât dans leurs églises ; qu'il convenait de tenir les enga-
gements qu'ils avaient contractés envers lui, mais qu'ils ne
devaient pas l'inviter davantage. Le moyen employé était
infaillible. Un seul des curés, qui avait quelques démêlés
avec l'archevêché, rompit l'engagement qu'il avait con-
tracté, ce qui ne l'empêcha pas d'être destitué peu de
temps après, et cette fois son zèle fut mal récompensé.
Le journal *l'Ami de la Religion* s'empara de cette circonstance, et dit contre M. Labouderie : *Il ne prêche plus, et
pour cause.* Il le porte comme grand vicaire d'un évêque
constitutionnel, *et pour cause.* Il conteste qu'il ait été
nommé grand vicaire titulaire de M. de Morel de Mons ; il
le porte comme se servant de l'autorité de Voltaire en matière de religion. M. Delaporte, membre de la Société des
bibliophiles français, lui envoya ce journal. M. Labouderie le remercia en ces termes : « Je vous rends grâce de
« ce que vous avez bien voulu m'envoyer le numéro de
« *l'Ami de la Religion et du Roi,* où je suis si honora-
« blement mentionné. La lecture de votre lettre m'avait
« plongé dans la douleur : je sais de quoi est capable
« *l'Ami,* et je craignais d'avoir été traité comme tant

« d'hommes respectables qu'il a cruellement déchirés
« parce qu'ils ont le malheur de ne pas penser comme
« lui. Me voilà rassuré. Vous êtes la lance d'Achille, qui
« faisait la blessure et qui la guérissait. Je ne crois pas
« que je puisse me résoudre à répondre directement à
« un folliculaire, généralement détesté pour ses excès. »

Le 22 mai 1822, après avoir prêché dans l'église de
Saint-Médard, il trouva un numéro du journal *l'Ami de
la Religion* sur la cheminée de la chambre de M. le curé
et l'emporta. Arrivé chez lui, il écrivit à M. le curé pour
lui annoncer sa prise. « Je vous demande pardon d'avoir
« pris sur votre cheminée le numéro de *l'Ami de la Re-*
« *ligion* sans vous l'avoir demandé ; mais, comme j'y
« suis assez mal traité, j'ai pense que vous ne seriez
« pas fâché que j'en prisse connaissance. Je l'ai lu avec
« autant d'attention et d'impartialité qu'il m'a été pos-
« sible, et je vous proteste qu'il n'y a aucune accusation
« fondée, et que tout y est jugé de travers. » A l'égard
de la même accusation sur Voltaire, il s'en défendait auprès de l'archevêque d'Avignon, qui l'avait prévenu, et
lui écrivit :

« Monseigneur,

« Je reçois la lettre de Votre Grandeur, et sur-le-
« champ je mets la plume à la main ; vous en pressentez la
« raison. *On dit que j'ai écrit en faveur de M. de Voltaire.*
« Et où, grand Dieu ! et quand ? Si j'avais commis cette
« grave faute, en la détestant et en la réparant, je suis
« sûr que j'en obtiendrais le pardon. J'en ai pour garant
« cette bonté que vous me témoignez, vous, Monsei-

« gneur, qui êtes une des plus fidèles images et des
« plus dignes ministres de la Divinité. Dieu merci, je
« n'en suis point à cette extrémité : je n'ai jamais écrit
« un *iôta* en faveur de Voltaire ou de tout autre philo-
« sophe. J'ai quelquefois réfuté victorieusement quel-
« ques-unes de leurs objections, comme vous pouvez le
« voir dans la *Biographie* et ailleurs ; jamais je ne fus
« leur partisan, pas même à cet âge où les passions
« aveuglent et détournent des vrais sentiers de la jus-
« tice. Heureusement, Monseigneur, vous n'avez pas
« l'air de croire à cette horrible imputation, et c'est tout
« ce qu'il me faut. Que m'importent les calomnies d'une
« coterie que je méprise, et en faveur de laquelle je
« n'écrirai pas plus qu'en faveur de Voltaire ?

« Eh bien, Monseigneur, puisque nous y sommes,
« n'en faisons point à deux fois : que Votre Grandeur
« daigne me promettre qu'elle me fera part de tous les
« bruits injurieux qui courront sur mon compte, et je
« m'oblige de lui fournir les preuves du contraire. Je
« ne puis répondre à ce que je ne connais pas. Au sur-
« plus, ma foi est pure, puisqu'elle est celle de l'Église
« catholique ; mes mœurs sont sans tache, puisque mes
« ennemis n'osent les attaquer. Quand on est irrépré-
« hensible du côté de la doctrine et de la morale, on
« pourrait défier l'univers. Seraient-ce mes opinions qui
« choqueraient quelques individus ? Mais j'ai le même
« droit d'être choqué des leurs. Je ne suis pas de pire
« condition ; je puis me servir à l'égard des autres de la
« mesure dont on se sert envers moi.

« Une chose me console, Monseigneur : autrefois j'ai

« été accusé de jansénisme ; et, au dire de certaines
« personnes, c'est le pire de tous les crimes. Depuis
« longtemps cette accusation est tombée dans l'eau.
« Gardons-nous de l'en sortir. Après le jansénisme vient
« l'athéisme, suivant les mêmes personnes. On ne m'a
« point fait passer par cette filière : grâces leur soient
« rendues d'une si excessive bonté. *On dit que j'ai écrit*
« *en faveur de Voltaire;* on ne dit pas que j'écris encore.
« Si j'ai été philosophe, je ne le suis plus ; je suis donc
« chrétien catholique. Restons-en là. Dieu soit loué, il
« ne m'en faut pas davantage.

« J'ai l'honneur d'être, avec le plus profond respect,

« Monseigneur,

« De Votre Grandeur,

« Le très-humble et très-obéissant serviteur et vicaire
général,

« J. Labouderie.

« Paris, 27 juin 1826. »

Sous la Restauration, il s'était formé à Paris une
société de gens pieux, composée de prêtres et de laïques,
qui croyaient pouvoir et voulaient améliorer la religion
catholique. M. l'abbé Cottret, chanoine titulaire de la
métropole de Paris, évêque *in partibus* de Cariste, en
était un des membres. Il vint un jour dans le cabinet de
M. l'abbé Labouderie, où j'étais. La conversation s'engagea sur les affaires de la religion. M. l'abbé Cottret
dit qu'on pouvait et qu'on devait améliorer la religion et
corriger les pères de l'Église, le tout conformément aux

principes de la société dont il faisait partie. Il m'est impossible de pouvoir décrire la force des raisonnements que M. l'abbé Laboudarie employa pour réfuter cette erreur. « Non, Monsieur, lui dit-il, la religion catholique est sortie parfaite des mains de son Créateur. L'homme n'a rien à y ajouter ni à y retrancher. Tout ce qu'il peut et doit faire, c'est de remonter à son origine, d'étudier ses véritables principes et de les enseigner ; retrancher ce que l'homme y a ajouté, y remettre ce qu'il a retranché. Hors de là, point de véritable religion ; ce n'est plus qu'une secte plus méprisable que toutes les autres sectes, dont les coreligionnaires ne croient pas pouvoir les améliorer, et les pratiquent telles qu'elles ont été instituées par leur auteur. Votre société prétendue religieuse ne parviendra jamais à améliorer la religion, qui n'a pas besoin d'être améliorée : elle est parfaite. Ils parviendront et ils parviennent avec ce langage à faire leurs affaires dans ce monde. Je connais aussi bien qu'eux ce moyen, mais je ne l'emploierai jamais ; je suis de bonne foi et convaincu de la vérité de la religion que je professe, et je ne jouerai pas la comédie en matière de religion pour faire mes affaires dans ce monde ; la Providence fera de moi ce qu'elle voudra. » Après ces explications, M. l'abbé Cottret se retira.

Il y a un vieil adage qui dit : *La nuit porte conseil.* M. l'abbé Cottret passa la nuit à réfléchir, et le jour d'après il revint chez M. Laboudarie pour lui dire qu'il avait raison ; que lui et toute sa société de gens pieux n'étaient que des ignorants, qui, sous le prétexte de faire du bien, faisaient beaucoup de mal ; que les bonnes intentions ne suffisaient pas; qu'il faudrait de l'instruction, et que c'était ce qui manquait à tous ces zélateurs. Il demanda après moi, en disant qu'il avait dû me scandaliser. M. l'abbé Labouderie le tranquillisa et lui dit qu'il m'en parlerait; mais M. le chanoine Cottret ne se contenta pas de cela, il revint pour me détromper lui-même de toutes les absurdités qu'il avait dites l'avant-veille, me dit-il.

Peu d'hommes de nos temps modernes ont éprouvé autant de tourments que M. l'abbé Labouderie. Doué d'une grande capacité, d'une intelligence et d'un savoir peu commun à son époque; d'un caractère aimant, affable, obligeant, d'un facile accès; passionné pour le bien, en faisant au-dessus de ses moyens, aimant les enfants de prédilection, d'un excellent conseil, très-aimé des personnes qui avaient eu des relations avec lui, plusieurs de ses pénitents m'ont dit : J'en ai bien un autre, mais je n'ai pas remplacé M. l'abbé Labouderie. Sévère pour lui, indulgent pour les autres, il avait malheureusement contre lui de n'être pas minutieux, bigot, de ne pouvoir se ployer à une foule de pratiques qui ne sont pas de la religion, mais qui font faire les affaires de ce monde à ceux qui les pratiquent. Il savait très-bien ce qu'il fallait faire, mais son genre nerveux ne pouvait s'y ployer. Il avait tout pour faire aimer la religion, et rien pour faire ses affaires dans ce monde. Peu désireux de gagner de l'argent et de s'en procurer, si deux affaires se présentaient concurremment, l'une devant produire de l'argent, l'autre devant obliger sans rien produire, celle qui rendait service était toujours faite et l'autre négligée. Il est mort en bon prêtre, sans laisser de l'argent ni des rentes. Néanmoins, j'ai la satisfaction de croire que rien de ce qui est nécessaire à la vie ne lui a manqué. Sa bonne l'aimait beaucoup, lui rendait avec affection tous les soins dont il avait besoin. J'avais acheté une petite voiture à quatre roues, dite calèche, très-jolie et très-commode, attirant les regards du public; nous allions le promener dans les rues de Paris et dans les environs de la ville, souvent au bois de Boulogne ou de Vincennes. Lorsque nous rencontrions quelque obstacle, comme M. Labouderie était très-connu, nous avions à l'instant plusieurs personnes pour nous aider à le vaincre. Si je les remerciais, on me disait : «Monsieur, nous sommes heureux de pouvoir faire quelque chose pour M. Labouderie. » Je profite de cette occasion pour rendre toutes mes actions de gratitude et de reconnaissance à toutes les personnes qui lui ont été utiles ou qui ont voulu l'être de quelque manière que ce soit. Passant pour être le prêtre de France qui connaissait le mieux l'Écriture sainte, et la manière dont la religion s'était établie et propagée jusqu'à nos jours; aimant son état par passion, le connaissant et le pratiquant à le faire aimer et respecter des fidèles; remplissant ses fonctions avec dignité, disant admirablement bien la messe; parlant peu, ne cherchant jamais l'expression propre; ne se mêlant point des affaires des autres, excusant leurs erreurs et leurs fautes; ne disant jamais de mal de personne, cherchant à les défendre, sans pouvoir éviter d'être accusé d'avoir fait ce qu'il n'avait pas fait, d'avoir écrit contre des personnes dont il n'avait jamais parlé, dans des journaux politiques dont il n'avait jamais écrit une ligne ; d'avoir eu des opinions religieuses qu'il avait combattues toute sa vie ; d'avoir favorisé telle ou telle secte religieuse ; et, chose incroyable ! on lui faisait un crime de ne pas les détruire, comme si cela était en son pouvoir. Fatigué d'entendre dire qu'il écrivait contre l'archevêque de Paris, et voulant, s'il était possible, détruire ce qui n'existait pas et ce qu'on savait ne pas exister, il demanda une audience. Au jour indiqué, il se présenta à l'archevêché ; l'archevêque était assis devant son feu, retourna la tête sans se déranger, lui dit : *Que demandez-vous ?* Après quelques explications, l'archevêque lui reprocha d'avoir prêché contre l'Immaculée Conception. M. Labouderie lui ayant demandé dans quelle église, il répondit : « *A Saint-Germain des Prés.* — *Eh ! Monseigneur, je n'y ai jamais prêché de ma vie.* — Si ce n'est là, c'est dans une autre église. » Comme dans la fable de la Fontaine : *Si ce n'est toi, c'est donc ton frère ? — Je n'en ai point. — C'est donc quelqu'un des tiens ?*

Sorti de cette audience, il écrivit ce billet : « A Mon-
« sieur le curé de Saint-Germain des Prés. Je suis
« accusé auprès de M. le coadjuteur de Paris d'avoir
« prêché contre l'Immaculée Conception de la Sainte
« Vierge dans l'église de Saint-Germain-des-Prés, où je
« n'ai jamais prêché. Voyez ce que vous prescrit la
« conscience en pareil cas. »

Le 30 octobre 1823, croyant et voulant détruire tout prétexte, il inséra à la fin de la préface des *Lettres inédites de Fénelon* sa profession de foi. « Je ne laisserai

« pas passer cette occasion sans renouveler ma profes-
« sion de foi sur les importantes questions qui ont été
« agitées dans les deux derniers siècles. Je me soumets
« à tout ce qui a été décidé sur les livres de Jansénius
« et de Quesnel par le saint-siége apostolique et par
« l'Église universelle, *simplement, absolument, sans
« ombre de restriction.* Je condamne tout ce qui a été
« condamné, j'approuve tout ce qui a été approuvé ; je
« veux vivre et mourir dans ces sentiments, moyennant
« la grâce de Dieu. »

Le 24 décembre 1832, il écrivait à M. le comte Anatole
de Montesquiou, chevalier d'honneur de la reine :

« Monsieur le comte,

« Vous avez eu la bonté de me promettre des rensei-
« gnements et des notes sur M. l'abbé de Montesquiou,
« dont la notice historique est confiée à mes faibles
« talents. J'ose me flatter que vous n'oublierez pas votre
« promesse.

« J'ai ouï dire qu'en *haut lieu* on avait jeté des soup-
« çons sur mon orthodoxie. Mais si j'étais janséniste,
« je le serais sans doute par conviction, et dès lors je
« l'avouerais hautement. Je puis, au contraire, vous
« assurer sur l'honneur qu'il n'en est rien, et que ma
« foi est à l'abri de tout reproche. Vous n'ignorez pas,
« Monsieur, que l'accusation de jansénisme a toujours
« été le *pot au noir* dont on s'est servi pour barbouiller
« le visage de ceux qu'on voulait perdre, et sur lesquels
« il n'y avait rien à blâmer. »

M. l'abbé Labouderie n'était pas janséniste, mais

il était franchement gallican et antijésuitique, ainsi
qu'il le disait dans une lettre du 4 janvier 1833 adressée à M. Dupin, président de la Chambre des députés.
« Je crains bien, monsieur le président, que les pré-
« ventions suscitées et alimentées contre moi par des
« fanatiques ignorants sous le règne de la congrégation
« ne lui aient survécu. Rien de plus injuste et de plus
« atroce. Je suis quelque peu gallican, je l'avoue; je
« risque fort de mourir dans l'impénitence finale, je
« l'avoue encore; du reste, mon orthodoxie doit être à
« l'abri de tout soupçon. Ma foi est celle de l'Église
« catholique, sans exception comme sans restriction.
« Continuellement éloigné de tout esprit de parti en re-
« ligion, je ne divise point ce qui est inséparablement
« uni. Mille pardons, monsieur le président : j'oubliais
« que j'ai l'honneur de vous parler, et que ma doctrine
« vous est connue depuis longtemps. »

« Veuillez agréer, monsieur le président, l'hommage
« de mon respectueux et inviolable attachement.

« J. Labouderie. »

Toute sa vie il a saisi et cherché toutes les occasions
pour se rapprocher de l'archevêque de Paris sans pouvoir y parvenir. Le 8 janvier 1825, il lui écrivait : « J'ai
« l'honneur de faire hommmage à Votre Grandeur d'un
« exemplaire de la *Règle générale de la foi catholique,*
« par le père Véron, ancien jésuite. J'aime à soumettre
« mes sentiments à ceux que la volonté divine a con-
« stitués mes juges, et en cela mon inclination fut tou-
« jours d'accord avec mon devoir. »

Frappé, le 15 janvier 1838, d'une attaque d'apoplexie et de paralysie qui ne fut pas assez violente pour le faire périr, mais qui le laissa infirme pour le reste de sa vie, il végéta pendant douze ans. Il s'occupait un peu les six premières années, et passa les six dernières sans prononcer une parole. Enfin, il rendit le dernier soupir le mercredi 2 mai 1849. Comme bibliophile, il avait réuni une collection d'elzevirs aussi complète que possible, ainsi qu'une très-belle collection d'autographes. Sa bibliothèque avait la réputation d'être une des plus belles, réunissant des livres rares et curieux ayant appartenu à des ecclésiastiques. Il a vécu dans un temps malheureux. Heureusement, ce temps est passé et ne reviendra plus.

M. l'abbé Grégoire, quelque temps avant sa mort, avait donné à M. l'abbé Labouderie un gros morceau de *la vraie croix* de Jésus-Christ, provenant du trésor de l'abbaye de Saint-Denis en France. Ce morceau de la vraie croix avait été envoyé par Baudoin, empereur de Constantinople, à Philippe-Auguste, roi de France, qui le donna à l'abbaye de Saint-Denis, et ce morceau fut enchâssé dans une croix en or de la longueur de deux pieds. En 1793, le gouvernement de l'époque prit la croix d'or et l'envoya à la Monnaie pour être convertie en monnaie légale. M. l'abbé Grégoire, conventionnel très-influent, s'était emparé du morceau de la vraie croix. Après le décès de M. Labouderie, et en 1855, je l'envoyai à M. l'abbé Roudil, curé de Chalinargues, paroisse natale de M. Labouderie. M. le curé fit des démarches auprès de Mgr l'évêque de Saint-Flour pour obtenir l'autorisation de

l'exposer à la vénération des fidèles, et m'instruisit du
résultat par une lettre du 5 septembre 1855.

« Monsieur,

« Permettez-moi de venir vous rendre compte du suc-
« cès de mes démarches pour l'authenticité de l'insigne
« et précieuse relique que vous avez bien voulu envoyer
« à l'église de votre paroisse natale. Quand il s'agit
« d'objets sacrés, les premiers pasteurs, avant de les
« présenter à la vénération des fidèles, prennent tou-
« jours de minutieuses et sages précautions, pour pré-
« venir des surprises qui deviendraient infiniment re-
« grettables, parce qu'elles donneraient lieu à des sur-
« prises d'idolâtrie.

« J'ai réussi à me procurer d'assez nombreux docu-
« ments, qui ont passé sous les yeux de Monseigneur
« et lui ont paru décisifs. Ces documents renferment :
« 1° l'extrait des procès-verbaux de la Société de philo-
« sophie chrétienne, que vous m'avez envoyé avec la re-
« lique ; 2° une copie sur papier libre d'un authentique
« accordé à madame la baronne Mounier par l'arche-
« vêché de Paris ; 3° une attestation écrite de M. Alfred
« Marmier, avocat au Conseil d'Etat et à la Cour de cas-
« sation ; 4° vos deux lettres et votre déclaration ; 5° une
« lettre de M. l'abbé Forges, ancien supérieur de mis-
« sion ; 6° enfin une lettre de M. Lacombe, prêtre laza-
« riste, ancien professeur de morale au grand séminaire
« de Saint-Flour. Il résulte, avec la dernière évidence,
« de toutes ces pièces, que la précieuse relique provient

« de la vraie croix et qu'elle était reconnue authentique
« à Paris avant d'être envoyée à Chalinargues.

   « Ce religieux trésor sera mis dans un magnifique re-
« liquaire de cuivre bruni et de forme gothique, acheté à
« Lyon, par Monseigneur lui-même, au prix de 250 fr.
« Cet objet d'art est la chose la plus belle et la plus gra-
« cieuse que j'aie jamais vue ; il fait honneur à la maison
« Favier, dont d'autres ouvrages sont en ce moment
« même admirés à l'exposition universelle.

   « Le dimanche, 16 du courant (septembre 1855),
« aura lieu la cérémonie de la translation. Nous lui don-
« nerons tout l'éclat et toute la pompe que peuvent com-
« porter les ressources de notre localité. Monseigneur,
« que j'ai eu l'honneur de voir avant-hier, a bien voulu
« me renouveler la promesse qu'il m'avait déjà faite de
« venir présider cette belle fête ; je compte aussi sur un
« nombreux clergé et sur un grand nombre de fidèles
« des paroisses voisines......

   « J'ai l'honneur d'être, avec le plus profond respect et
« la plus vive reconnaissance,

               « Monsieur,

                    « Votre obéissant serviteur,

                              « ROUDIL. »

Triste effet des révolutions et des destinées des choses
de ce monde ! un morceau de la vraie croix, envoyé par
un empereur au roi de France, déposé au trésor de la
plus belle abbaye du monde, est maintenant envoyé et
déposé dans la sacristie de l'église d'une paroisse de

campagne de la haute Auvergne (Cantal). Espérons que cette fois il sera à l'abri des révolutions. De toutes les reliques dans la religion catholique, la vraie croix de Jésus-Christ tient, sans aucun doute, le premier rang.

Je ne terminerai pas cette notice sans payer mon tribut d'hommage à la mémoire du regrettable M. Gilbert aîné, membre résident de la Société des antiquaires de France, qui a fait la notice de M. l'abbé Labouderie, lequel avait été président plusieurs fois de cette société. La notice fut lue à la séance du 19 novembre 1850, et insérée dans l'*Annuaire* et les Mémoires de cette société.

Je fais également tous mes remercîments et témoigne toute ma reconnaissance à M. Alfred Maury, membre de l'Institut, académie des inscriptions et belles-lettres, qui a fait l'article de M. l'abbé Labouderie dans la nouvelle édition de la *Biographie universelle*, donnée par madame veuve Thoisnier-Desplaces, article convenable, sauf quelques erreurs de faits indépendantes de sa volonté ; moins la liste des ouvrages qu'il a publiés, qu'on a omise à dessin. Une *Biographie universelle* n'est pas un poëme ni un roman, c'est l'histoire complète de tout ce qu'ont fait et publié les auteurs dont on insère l'article ; en omettre une partie, ce n'est plus de l'histoire ; on induit en erreur ceux qui consultent ces recueils, on les oblige d'aller chercher ailleurs ce qui devrait se trouver là. Les auteurs des articles mis dans la *Biographie* des frères Michaud faisaient toutes les recherches possibles pour découvrir quelque production oubliée des auteurs dont ils faisaient l'article, et ils étaient très-contents lorsqu'ils en découvraient, tandis que ceux de la nouvelle édition les négligent volontiers. Aussi je ne crois pas que la nouvelle édition fasse oublier l'ancienne. La *Biographie* de M. Didot est plus complète sous ce rapport.

M. l'abbé Labouderie a publié les ouvrages suivants :

1. Pensées théologiques. Clermont-Ferrand, impr. de Denys Limet, 1801, in-8.
2. Précis de la vie de M. Rénaud. Paris, 1807, in-8.
3. Supplément à l'Oraison funèbre de M. Sermet, par M. Grégoire, ancien évêque de Blois. Paris, 1809, in-8.
4. Un mot sur la Constitution, par un vicaire de Paris. Paris, Morinval, 1814, in-8.
5. Fragments du discours prononcé à Notre-Dame le jour de l'Assomption. Paris, Morinval, 1814, in-8.
6. Adresse aux Parisiens, par un ami de l'ordre et de la paix. Paris, Morinval, 1815, in-8.
7. Discours prononcé à Notre-Dame, le 14 juin 1815, à l'occasion du baptême de Jean-Baptiste Lévy, juif converti. Paris, imp. d'Ange Clo, 1815, in-8.
8. Oraison funèbre de M. Delaroue, archiprêtre de Notre-Dame, prononcée dans l'église métropolitaine, le 15 octobre 1815. Paris, Morinval, 1815, in-8.
9. Discours pour la profession de Mmes Sainte-Gertrude, Saint-Benoît, l'Ange-Gardien, religieuses hospitalières de Saint-Augustin, prononcé à l'Hôtel-Dieu de Paris, le 4 novembre 1816. Paris, Demonville, 1816, in-8.
10. Discours prononcé à Notre-Dame, le 7 mars 1817, à l'occasion du baptême, de la première communion et du mariage du sieur Alphonse-Jean-Sébastien-Louis-Jacob, juif converti. Paris, Demonville, 1817, in-8.
11. Discours prononcé dans la chapelle du collège royal des Écossais, pour l'abjuration de Jean-Jacques-Frédéric Bohenke, le dimanche 11 mai 1817. Paris, Demonville, 1817, in-8.
12. Discours prononcé pour l'abjuration de Mme Louise-Françoise C...., dans la chapelle du collège royal des Écossais, le 19 juin 1817. Paris, Demonville, 1817, in-8.

13. Discours prononcé dans la chapelle du collége royal des Écossais, pour l'abjuration de J. F. B., calviniste, du canton de Vaud. Paris, Th. Leclerc, 1817, in-8.

14. Précis historique du méthodisme. Paris, Th. Leclerc, 1817, in-8.

15. Discours prononcé dans la chapelle du collége royal des Ecossais, pour l'abjuration de M. John Macguige, méthodiste irlandais, le dimanche 19 octobre 1817. Paris, Th. Leclerc, 1817, in-8.

16. Considérations adressées aux aspirants au ministère de l'Église de Genève, faisant suite aux Considérations de M. Empaytaz sur la divinité de Jésus-Christ. Paris, Th. Leclerc, 1817, in-8.

17. Discours pour le baptême d'Ange-Alexandre-Bernard-Jean Meyer, juif converti, prononcé à Saint-Nicolas du Chardonnet, le 23 avril 1818. Paris, Demonville, 1818, in-8.

18. Discours pour le baptême de Joseph-Marie-Louis-Jean Wolf, juif converti, prononcé à Saint-Eustache, le 23 mai 1818. Paris, Demonville, 1818, in-8.

19. Discours pour l'abjuration de Joachim-David Voigtin, luthérien, prononcé dans la chapelle du collége royal des Écossais, le 16 août 1818. Paris, Th. Leclerc, 1818, in-8.

20. Discours prononcé au baptême de Philippe-Rigobert-Jean Wolf, juif converti, dans la chapelle du collége royal des Écossais, le 12 novembre 1818. Paris, Th. Leclerc, 1818, in-8.

21. Discours pour le baptême de Annah et Louise Valh, prononcé à Saint-Germain-l'Auxerrois, le 24 mars 1819. Paris, Th. Leclerc, 1819, in-8.

22. Le Christianisme de Montaigne, ou Pensées de ce grand homme sur la religion. Paris, Demonville, 1819, 1 vol. in-8.

23. Vie des saints; 3 parties in-24, avec des figures sur bois. Paris, 1820, 3 vol. in-24.

24. Lettres de M. de Saint-Martin, évêque de Caradre, vicaire apostolique du Su-tchuein, à ses père et mère, et à son frère, religieux bénédictin; précédées d'une notice biographique, et suivies de notes et d'un essai sur la législation chinoise, par M. Dellac, avocat à la Cour royale de Paris. Paris, Th. Leclerc, 1822, 1 vol. in-8.

25. Notice historique sur l'abbé de Dienne, chanoine, comte de Brioude, vicaire général de Saint-Flour, missionnaire apostolique au Tong-king. Paris, Th. Leclerc, 1823, in-8.

26. Lettres inédites de M. de Fénelon, archevêque de Cambrai, extraites

des archives de Rome, avec deux mémoires, l'un en latin, l'autre en français, en partie inédits. Paris, Th. Leclerc, 1823, in-8.

27. Notice historique sur Fénelon. Paris, Firmin Didot, 1823, in-4.

28. Notice sur Boileau-Despréaux. Paris, Firmin Didot, 1823, in-4.

29. Controverses de saint François de Sales, évêque et prince de Genève, formant le 12e volume de ses OEuvres. Paris, Blaise, 1823, sous la date de 1821, 1 vol. in-8.

30. Imitation de Jésus-Christ, par Beauzée, avec une notice historique et des notes explicatives. Paris, Rignoux, 1824, 1 vol. in-8.

31. Lettres d'un théologien catholique à MM. les rédacteurs des *Tablettes du clergé*. Paris, Demonville, 1824, in-8.

32. Le Psautier traduit par La Harpe, avec une Notice historique et des notes explicatives. Paris, Rignoux, 1824, 1 vol. in-8.

33. Notice sur Pierre-Alphonse et sur ses ouvrages, suivie du *Disciplina clericalis* et de la traduction en français. Paris, Rignoux, 1824, 2 vol. in-8.

34. La Fête du Marrube noir, et autres pièces pour la Société des bibliophiles français. Paris, Firmin Didot, 1824, in-8.

35. Notice sur Mably. Paris, Firmin Didot, 1824, in-4.

36. Notice sur Condillac. Paris, Firmin Didot, 1824, in-4.

37. Notice sur Fléchier. Paris, Firmin Didot, 1824, in-4.

38. Panégyrique de saint Louis, roi de France, prononcé le 25 août 1824, devant Messieurs de l'Académie française, dans l'église de Saint-Germain-l'Auxerrois. Paris, Rignoux, 1824, in-8.

39. Notice sur Bourdaloue, suivie de pièces inédites. Paris, Gauthier frères, 1825, in-8. — Imprimée aussi en tête de l'édition des œuvres de Bourdaloue, in-8, publiée par le même libraire.

40. Notice historique sur dom Mabillon. Paris, Firmin Didot, 1825, in-8.

41. Règle générale de la foi catholique, par François Véron, avec une Notice sur la vie et les ouvrages de Véron, dédiée à M. de Morel de Mons, archevêque d'Avignon. Besançon, Gauthier frères, 1825, 1 vol. in-12.

42. Le Livre de Ruth, en hébreu et en patois auvergnat; parabole de l'Enfant prodigue, sermon de Michel Menot, parabole de l'Enfant prodigue, en syriaque et en patois auvergnat. Paris, 1824, in-8.

43. La France catholique, ou Recueil de nouvelles dissertations religieuses et catholiques monarchiques sur l'état actuel des affaires de

l'Eglise, suivant les principes de Bossuet. On y trouve la description du *Balatus ovium*, tome II, page 257. Paris, 1825, 4 vol. in-8.

44. Aphorismata opposita aphorismatibus, in quatuor articulos, declarationis anno 1682 edita, autore J. L. Paris, Moutardier, 1826, in-8.

45. Sermon de François-Olivier Maillard, presché à Bruges en 1500, et autres pièces du même auteur, avec une notice. Paris, Farcy, 1826, in-8, tiré à 200 exemplaires.

46. L'Art de vérifier les dates. Chronologie historique des papes et chronologie historique de l'ordre de Malte. Paris, Denain, 1826, in-8.

47. La Religion chrétienne, autorisée par le témoignage des anciens auteurs païens, par le père Dominique de Colonia, de la Compagnie de Jésus. 2e édition, revue et précédée d'une notice historique. Paris et Besançon, Gauthier frères, 1826, 1 vol. in-8.

48. Notice historique sur saint Vincent de Paul. Paris, Michaud, 1827, in-8.

49. Lettres de saint Vincent de Paul au cardinal de la Rochefoucauld sur l'état de dépravation de l'abbaye de Longchamps, en latin, avec la traduction française et des notes. Paris, Moutardier, 1827, in-8.

50. Discours prononcé au mariage de M. le comte de Rémusat et de Mlle de Lasteyrie du Saillant, dans l'église de l'Assomption, le 18 août 1828. Paris, in-8.

51. Discours prononcé au mariage de M. le vicomte de Portalis et de Mlle Adrienne Mounier, dans la chapelle de la Chambre des pairs, au Luxembourg, le 11 décembre 1828. Paris, 1828, in-8.

52. Notice historique sur Zwingli. Paris, Michaud, 1828, in-8.

53. Lettres de Piron à Hugues Maret, de Dijon. Paris, Didot, 1828- in-8.

54. Ordres religieux. Paris, 1829 à 1830. (*Gazette des Cultes*, de 1829 à 1830.)

55. Discours prononcé au mariage de M. le comte Anglès et de Mlle Alber, tine Mounier, dans la chapelle de la Chambre des pairs, le 4 septembre 1830. Paris, 1S30, in-8.

56. Vocabulaire du patois usité sur la rive gauche de l'Allagnon, depuis Murat jusqu'à Molongrise. (*Mémoires de la Société des antiquaires de France*, tome XII, p. 338.)

57. Une suite d'articles dans le *Journal des Paroisses* (Paris, 1830 et années suivantes, in-8), sur l'Explication du mot de *messe*, la prédication, le schisme, formant un vol. in-8.

58. Discours prononcé au mariage de M. Francisque de Courcelles et de Mlle Mélanie de Lasteyrie du Saillant, dans l'église de l'Assomption, le 22 septembre 1831. Paris, 1831, in-8.

59. Sermon de frère Michel Ménot sur la Madeleine, avec une notice et des notes. Paris, Fournier jeune, 1832, in-8 tiré à 200 exemplaires.

60. Un grand nombre d'articles dans l'*Encyclopédie des gens du monde*, répertoire universel des sciences, des lettres et des arts, par une société de savants. Treutel, 1833, in-8.

61. Notice historique sur M. Ledru. Paris, 1833, in-8.

62. Rapport sur le Sibbub Siolau (*Tour du monde*). Paris, 1834, in-8.

63. Nouveau Journal des Paroisses. Paris, 1834, in-8.

64. Discours prononcé au Congrès historique européen tenu à l'Hôtel de ville de Paris, à la séance du 15 décembre 1835, sur cette question : *Déterminer le caractère de la langue française aux XIe et XIIe siècles.* Paris, 1835, in-8.

65. Rapport fait à la Société des antiquaires de France sur la Bible de Cahen, tome IV, V et VI. Paris, 1835, in-8.

66. Rapport fait au Congrès historique européen, tenu à l'Hôtel de ville, le 2 décembre 1835, sur cette question : *La propriété défendue contre les papes, d'abord par les Frères mineurs, ensuite par les premiers réformateurs ; et les grandes discussions sur l'usure et sur l'anatocisme, mues plus tard entre les théologiens catholiques, n'impliquent-elles pas au fond le problème proposé depuis quarante ans à l'économie politique ? Faire l'histoire de ce problème depuis Jean XXII jusqu'à ce jour.* Paris, 1836, in-8.

67. Discours sur la propriété des Franciscains au congrès historique européen réuni à Paris. Paris, 1836, in-8.

68. Notice historique sur l'abbé de Montesquiou. Paris, 1836, in-8.

69. Dissertation religieuse sur Robinson Crusoé, extrait de l'édition de *Robinson Crusoé* traduit par Pétrus Borel. Paris, 1836, in-8.

70. Dissertation sur la liturgie, formant un volume in-8, épars dans le *Journal des Paroisses*, tome II et III.

M. l'abbé Labouderie a coopéré très-activement à plusieurs publications importantes, telles que la *Biographie universelle* de Michaut, où il a fourni environ cinq cents articles sur des personnages de l'Ancien et du Nouveau Testament, d'écrivains ecclésiastiques, d'hébraïsants, de rabbins, de réformateurs et de divers savants ; l'*Encyclopédie moderne* de M. Courtin, où se trouvent les articles *Dieu, Ordres religieux, Prédication, Providence, Reliques, Schismes, Traditions,* qui ont été imprimés séparément, et dont quelques-uns son très-étendus ; la *Revue encyclopédique* de Julien de Paris, le journal *Les Tablettes ececclésiastiques;* le *Journal des paroisses et du clergé;* le *Journal des artistes,* où il y a un article sur le temple de Jérusalem et une lettre sur le même temple ; la *Gazette des cultes,* les *Mémoires et Dissertations sur les antiquités nationales et étrangères de la Société des antiquaires de France,* les *Mélanges de la Société des bibliophiles français* (il a été président plusieurs fois de ces deux sociétés), le *Voyage pittoresque et romantique dans l'ancienne province d'Auvergne.* Il a laissé en manuscrit des sermons contenant l'Avent et le Carême complets, imprimés, depuis sa mort, dans la *Collection universelle des orateurs sacrés,* de M. l'abbé Migne, tome IX(Petit-Montrouge, 1856, in-4°). Les prônes le seront dans une autre série. Il a laissé encore plusieurs ouvrages incomplets, qui ne peuvent être considérés que comme des notes pour faire l'histoire de Jean Gerson et du grand schisme d'Occident ; l'histoire de l'Église d'Auvergne. Dans les différentes sociétés de savants dont il faisait partie, il était un membre très-actif, continuellement chargé de faire des rapports sur les personnes qui se présentaient pour être admises, ou sur les ouvrages dont les auteurs faisaient hommage à l'Académie pour la Bibliothèque ; rapports quelquefois très-longs. Il présidait ou faisait presque toujours partie des différentes commissions. Il fit, par l'entremise de M. l'abbé de Montesquiou, ministre de l'intérieur, obtenir à la Société des antiquaires le titre de Société royale, par ordonnance du 4 juillet 1829.

FIN

5108 — Paris, imprimerie de Jouaust père et fils, rue Saint-Honoré, 338.